I0158965

Novena a Santa María Magdalena

Laureen M. Ortiz Lugo

Copyright © 2017 Laureen M. Ortiz Lugo

Todos los derechos reservados. Queda totalmente prohibida la
reproducción total o parcial por ningún medio, sea mecánico,
electrónico, fotocopia, etc. sin la previa autorización del autor.

ISBN: 0-692-90783-1
ISBN-13: 978-0-692-90783-2

R por, Laureen M. Ortiz Lugo (2017)
17-145

Nihil Obstat
Adalín Rivera Sáez, Pbro.
Censor

Imprimátur
+Rubén Antonio González Medina, C.M.F.
Obispo de Ponce
2 de febrero de 2017

CONTENIDO

Agradecimientos.. 1

Biografía de Santa María Magdalena........................... 3

Novena a Santa María Magdalena

    Señal de la cruz …................................... 6
    Acto de arrepentimiento y penitencia................ 6
    Día 1... 7
    Día 2... 7
    Día 3... 8
    Día 4... 8
    Día 5... 9
    Día 6... 10
    Día 7... 10
    Día 8... 11
    Día 9... 11
    Oración Final.. 12

Oraciones Básicas
    Credo de los Apóstoles o Credo Corto.............. 14
    Padrenuestro 14
    Ave María.. 15
    Gloria al Padre 15
Oraciones Adicionales dedicadas a SMM

    Oración a Santa María Magdalena por los
    matrimonios 17
    Oración de las mujeres de fe a Santa María
    Magdalena... 18
    Oración a Santa María Magdalena................... 19

Sobre la obra... 20

Sobre la autora... 21

Contactos. 22

Anotaciones 23

AGRADECIMIENTOS

Gracias, Espíritu Santo, por darme la
inspiración para escribir esta humilde novena y
así esparcir la devoción a Santa María
Magdalena. Deseo agradecerle, de manera
póstuma, a mi madre, la Sra. Carmen M. Lugo
Suárez Q.E.P.D.; también a mi director
espiritual y confesor Padre Orlando Lugo
Pérez; y a mi hermana en Cristo y amiga,
la Sra. Mayra E. Rodríguez Marrero por su
apoyo incondicional en la realización de este
humilde proyecto.

SANCTA MARIA MAGDALENA

Imagen generada por IA

Biografía de Santa María Magdalena:

Santa María Magdalena es una figura femenina prominente tanto en el Nuevo Testamento así como en los Evangelios Apócrifos. Ella fue una destacada discípula de nuestro Señor Jesús. Su nombre significa "preferida de Dios" (María) y "oriunda del poblado de Magdala" y también, "torre" (Magdalena).

El poblado de Magdala estaba situado en la costa occidental del lago Tiberíades, cerca de Cafarnaún, en Galilea. [1]La Iglesia Católica Romana reconoce que la pecadora que ungió los pies de Jesús (Lc 7, 37-50) y María de Betania (Lc 10, 38-42), pudieran ser en efecto, María Magdalena. Algunos expertos teólogos opinan lo contrario.

Cuenta La Biblia en Lucas 8 y en Juan 20; 10-18, que nuestra venerada Santa María Magdalena fue liberada por Jesús de siete demonios, y que ello la llevó a seguirle y ayudarle monetariamente en su ministerio. Se menciona que estuvo el día de la crucifixión.

Pero lo más importante, es que tuvo el privilegio de ser la primera persona en ser testigo de la resurrección de nuestro Señor Jesús.

Jesucristo se apareció visiblemente en el huerto a María Magdalena, pues ella lo había amado en vida, lo había visto morir en la cruz, lo buscaba yacente en el sepulcro, y fue la primera en adorarlo resucitado entre los muertos; y Él la honró ante los apóstoles con el oficio del apostolado para que la buena noticia de la vida nueva llegase hasta los confines del mundo. Por ello, Santa María Magdalena es un ejemplo de evangelización verdadera y auténtica, es decir, siendo discípula ¡se convierte en una evangelista que anuncia el gozoso mensaje central del Pascua! La Iglesia resalta en Santa María Magdalena la misión especial de una mujer, que es ejemplo y modelo para todas las mujeres de la Iglesia.

Se cree que murió en Éfeso en el siglo I. Es venerada en la Iglesia Católica Romana, Anglicana y Ortodoxa. [2]El 10 de junio de 2016, se da a conocer mediante el Decreto de la Congregación del Culto Divino y la Disciplina de los Sacramentos, que por expreso deseo del Papa Francisco Q.E.P.D., la memoria litúrgica de Santa María Magdalena, la cual se celebra el 22 de julio en el Calendario Romano General, sea elevada a la categoría de fiesta.

Por último, quiero destacar, que Santa María Magdalena nunca ejerció la prostitución como se ha creído popularmente. La Iglesia Católica tampoco la considera "penitente". Ella es una gran santa de nuestra amada Iglesia, y por ende, puede llevar nuestras peticiones ante Dios.

Novena a Santa María Magdalena

I. Señal de la cruz

Por la señal de la Santa Cruz, de nuestros enemigos líbranos Señor, Dios Nuestro. En el Nombre del Padre, del Hijo y del Espíritu Santo. Amén.

II. Acto de arrepentimiento y penitencia

Señor, te pido perdón por todos mis pecados por los cuales fuiste inmolado. Reconozco que siendo Inocente tomaste mi lugar, Salvador mío. Yo, reconociéndome culpable, quiero darte gracias por tu gran misericordia para conmigo, y comprometerme a apartarme del pecado de ahora en adelante. Me reconozco pecador. Me reconozco débil ante las tentaciones. ¡Ayúdame Señor!

[3] Santa María, Madre de Dios, te reconozco y te amo como mi propia y verdadera madre.

Santa María Magdalena, intercede por mí ante el Señor, para que me conceda el don de la conversión y del arrepentimiento y enséñame a responder con una nueva vida entregada al amor por el Señor Jesús como lo hiciste tú. Amén.

Día 1

Santa María Magdalena, quiero ofrendar mirra a mi Señor. Que su olor a menta impregne mi alma. Que entren aires de pureza dentro de mi ser para que el Espíritu Santo pueda morar en mi, sin que mis pecados le ahoguen.
¡Verdadero hombre eres, mi Señor Jesús!

Santa María Magdalena, la Apóstol de los apóstoles, intercede ante nuestro Señor para que me conceda la gracia de _____.
(Hacer petición y rezar 3 Credos de los Apóstoles, ver página 14)

Día 2

Santa María Magdalena, quiero ayudarte a ungir la frente de mi Señor. Te ayudaré a derramar sobre Él, aceite perfumado para que sepa que lo reconozco como soberano de mi ser. Y con este humilde gesto decirle que solo Él es el dueño y rey de mi vida. ¡Verdadero Dios eres, mi Señor Jesús!

Santa María Magdalena, la Apóstol de los apóstoles, intercede ante nuestro Señor para que me conceda la gracia de _____. (Hacer petición y rezar 3 Credos de los Apóstoles, ver página 14)

Día 3

Santa María Magdalena, quiero sentarme a tu lado y escuchar la Palabra del Señor. Quiero conocerlo más para amarle más. ¡Te amo, mi Buen Pastor!

Santa María Magdalena, la Apóstol de los apóstoles, intercede ante nuestro Señor para que me conceda la gracia de _____. (Hacer petición y rezar 3 Credos de los Apóstoles, ver página 14)

Día 4

Santa María Magdalena, Dios te eligió para ser

ejemplo de perseverancia en la fe. Enséñame a levantarme luego de caer, para seguir caminando con Cristo. Toma mi mano y guíame hasta la culminación de mi vida terrena, cuando finalmente me encuentre frente a tu Amado Maestro. ¡Señor, contigo quiero caminar!

Santa María Magdalena, la Apóstol de los apóstoles, intercede ante nuestro Señor para que me conceda la gracia de _____. (Hacer petición y rezar 3 Credos de los Apóstoles, ver página 14)

Día 5

Santa María Magdalena, enséñame a ser dócil a la voluntad de Dios. Tú, que al igual que San Pedro aceptaste asumir un papel importante dentro de la Iglesia, dime cual es la misión que el Señor tiene para mi. Oh torre que eleva a la Iglesia hasta el cielo, sé mi fortaleza y ejemplo. ¡Que se haga la voluntad de Dios, así en la tierra como en el cielo!

Santa María Magdalena, la Apóstol de los

apóstoles, intercede ante nuestro Señor para que me conceda la gracia de _____. (Hcer petición y rezar 3 credos de los Apóstoles, ver página 14)

Día 6

Santa María Magdalena, ayúdame en la batalla espiritual. Que por tu bendito ejemplo se me conceda la sabiduría necesaria para entender que las injurias y malas lenguas en mi contra son medallas de honor, que me hacen partícipe de los sufrimientos de Cristo en la cruz.

Santa María Magdalena, la Apóstol de los apóstoles, intercede ante nuestro Señor para que me conceda la gracia de _____. (Hacer petición y rezar 3 Credos de los Apóstoles, ver página 14)

Día 7

Santa María Magdalena, ruega por mi a los pies de nuestro amado Jesús para que expulse de mi vida esos siete demonios que llevan a la muerte espiritual. Dile que no quiero padecer el infierno de estar sin Él.

Santa María Magdalena, la Apóstol de los apóstoles, intercede ante nuestro Señor para que me conceda la gracia de _____. (Hacer petición y rezar 3 Credos de los Apóstoles, ver página 14)

Día 8

Santa María Magdalena, préstame tu corazón para sentir el amor de Dios. Hazme reconocer que el sacrificio de Jesús en la cruz fue el acto de amor más grande que han hecho por mí, único e irrepetible.

Santa María Magdalena, la Apóstol de los apóstoles, intercede ante nuestro Señor para que me conceda la gracia de _____ . (Hacer petición y rezar 3 Credos de los Apóstoles, ver página 14)

Día 9

Santa María Magdalena, yo también quiero romper mi frasco de alabastro y derramar aceites perfumados a los pies de mi Señor. Y arrodillándome ante Su presencia, agradecerle tanto amor limpiando Sus pies con mis cabellos. ¡Santa de santas! Me rindo ante los pies de Jesús, para ofrecerle a cambio mi vida entera.

Santa María Magdalena, la Apóstol de los apóstoles, intercede ante nuestro Señor para que me conceda la gracia de _____. (Hacer petición y rezar 3 Credos de los Apóstoles, ver página 14)

Oración Final

¡Oh Santa María Magdalena, torre de fe, ruega por nosotros a los pies de la cruz! Santa María Magdalena la Apóstol de los apóstoles, haz que tenga el privilegio de ver a Jesús cual lo ves tú desde la mañana de la resurrección, y uniéndome a ti para cantar en alabanza anunciando a todos ¡Jesús ha resucitado! Que sea un discípulo misionero de nuestro Señor, testimoniando que, ¡Mi Dios está vivo! En el nombre del Padre, del Hijo y del Espíritu Santo. Amén. (Finalizar con un Padrenuestro, un Avemaría y un Gloria, ver páginas 14 -15)

ORACIONES BÁSICAS PARA REZAR LA NOVENA

Credo de los Apóstoles:

Creo en Dios Padre, Todopoderoso, Creador del cielo y de la Tierra. Y en Jesucristo, su único Hijo, Nuestro Señor, que fue concebido por obra y gracia del Espíritu Santo, nació de Santa María Virgen, padeció bajo el poder de Poncio Pilato, fue crucificado, muerto y sepultado, descendió a los infiernos, al tercer día resucitó entre los muertos, subió a los cielos y está sentado a la derecha de Dios Padre, Todopoderoso. Desde allí vendrá a juzgar a vivos y a muertos. Creo en el Espíritu Santo, la Santa Iglesia Católica, la comunión de los santos, el perdón de los pecados, la resurrección de la carne y la vida perdurable.
Amén.

(Repetir 3 veces. Luego vas a pasar a la página 12 para rezar la *Oración Final*)

Padrenuestro:

Padre nuestro que estás en el cielo, santificado sea tu Nombre; venga a nosotros tu Reino; hágase tu voluntad en la tierra como en el cielo. Danos hoy nuestro pan de cada día; perdona nuestras ofensas, como también nosotros perdonamos a los que nos ofenden; no nos dejes caer en la tentación, y líbranos del mal.
Amén.

Ave María:

Dios te salve, María, llena eres de gracia; el Señor es contigo. Bendita Tú eres entre todas las mujeres, y bendito es el fruto de tu vientre, Jesús. Santa María, Madre de Dios, ruega por nosotros, pecadores, ahora y en la hora de nuestra muerte. Amén

Gloria al Padre:

Gloria al Padre, y al Hijo, y al Espíritu Santo. Como era en el principio, ahora y siempre, por los siglos de los siglos. Amén.

ORACIONES ADICIONALES DEDICADAS A SANTA MARÍA MAGDALENA

Oración a Santa María Magdalena por los matrimonios

Venerada Santa María Magdalena, a Ti te encomiendo mi matrimonio. Protégelo y bendícelo, tú que conociste el amor más puro a través de la fe. Trae a tu Maestro Jesús a mi hogar para que reine la paz, en la alianza inquebrantable que he formado junto a mi pareja. Que siempre prevalezca el amor, el respeto, la fidelidad y la unión en mi matrimonio y todos los matrimonios del mundo, para la Gloria de Dios. Amén.

Dios Padre lleno de misericordia te ruego que escuches mi oración por la preciosísima Sangre de Cristo, Tu Hijo y Salvador nuestro, que Santa María Magdalena viera brotar de su costado traspasado en la Cruz.

Oración de las mujeres de fe a Santa María Magdalena

Elegida de Dios, Santa María Magdalena, queremos seguir tu ejemplo de perseverancia en la fe. Sé nuestro ejemplo de docilidad y entrega. Tú que eres la Apóstol de los apóstoles, te rogamos muestres el inmenso amor y ternura del misericordioso Jesús a todas las mujeres del mundo, para que con tu ayuda alcancen como tú una sincera y verdadera conversión, y puedan gozar de la nueva vida que nos ofrece el Espíritu del Señor. Enséñanos a amar a Jesús y apreciar su sacrificio de amor. Amén.

Dios Padre lleno de misericordia te ruego que escuches mi oración por la preciosísima Sangre de Cristo, tu Hijo y Salvador nuestro, que Santa María Magdalena viera brotar de su costado traspasado en la Cruz.

Oración a Santa María Magdalena

Oh Santa María Magdalena, toma mi corazón y llévalo ante Él. Enséñame a amarle cual tú le amas. Hazme entender el valor de Su sacrificio en la cruz. Quiero rendirme a Sus pies. Oh discípula privilegiada, toma mi mano y guíame para seguirle solo a Él. No me abandones, que sin tu dirección me pierdo. Llévame ante Él te lo ruego. En el nombre del Padre, del Hijo y del Espíritu Santo. Amén.

SOBRE LA OBRA

Santa María Magdalena es un verdadero
modelo de conversión. Esta novena, dista de
la imagen controversial presentada en la
cultura popular, así como de la imagen
tradicional como penitente, para únicamente
centrarse en su vida como discípula de Cristo.
Este rezo enriquecerá grandemente su vida
espiritual y le ayudará a perseverar en la fe.

SOBRE LA AUTORA

Mujer de fe. Egresada de la Pontifica
Universidad Católica en Ponce, Puerto Rico en
el año 2005. Posee un Bachillerato en Ciencias
con concentración en Psícologia Clínica.
Posteriormente, entró al Departamento de
Estudios Graduados de la PUCPR, donde
tomó cursos de maestría y doctorado en
Psicología Clínica, Psy.D. Sin embargo,
encontró su verdadera vocación en la
Evangelización mediante la confección de
rosarios, bisutería religiosa y filigrana de papel
con temática católica; así como en su
incursión a la escritura. Esta novena surge
como origen y respuesta a un favor recibido
por intercesión de Santa María Magdalena
entre los años 2014 al 2017.

Para más información, pedidos y
conferencias contáctenos a través
de nuestro correo electrónico:

publicaciones.magdalena@gmail.com

Anotaciones

1 http://www.corazones.org/santos/maria_magdalena.
htm

2 http://press.vatican.va/content/salastampa/es/
bollettin o/pubblico/2016/06/10/magdala.html

3 Santa María Magdalena **no** es una advocación
mariana. Esta parte de la oración es un saludo a la
Santísima Virgen María.

www.ingramcontent.com/pod-product-compliance
Lightning Source LLC
Chambersburg PA
CBHW060605030426
42337CB00019B/3620